स्वर पाषाण-शिला

नवोदय सेल्स
नयी दिल्ली-110002

स्वर पाषण-शिला के

रमेश चन्द्र

नवोदय प्रकाशन

ISBN : 81-88469-37-8

नवोदय प्रकाशन
21-ए, दरियागंज, नयी दिल्ली-110002
द्वारा प्रकाशित
पहला संस्करण : 2007
आवृत्ति : 2009

मूल्य : ₹ 325.00

जय भारत प्रिंटिंग प्रेस, शाहदरा, दिल्ली-110032
द्वारा मुद्रित

नवोदय प्रकाशन, वाणी प्रकाशन की सहयोगी संस्था

समर्पण

है पूर्वाग्रह-मुक्त, प्रबुद्ध चेतना जिनकी
लीक छोड़ जा चलें अधर पर फूल खिला के।
कवि के श्रद्धा-विनत नमन स्वीकार करें वे
उन्हें समर्पित है यह 'स्वर पाषाण-शिला के' ॥

रमेश चन्द्र

अनुक्रम

प्रसंगवश

किसी पुस्तक के प्रारम्भ में जुड़ा हुआ प्राक्कथन यह आभास देता है कि उसका लेखन मूल रचना से पूर्व हुआ है और वह उससे अनिवार्यतः जुड़ा हुआ है। वस्तुतः प्राक्कथन किसी रचना के पश्चात् उसके सम्बन्ध में मन में आया हुआ ऐसा विचार है, जिसे हम रचना की प्रस्तुत के पूर्व ही इस प्रतीति के साथ प्रकट कर देना चाहते हैं कि ऐसा करने से रचना की सम्प्रेषणीयता बढ़ जाएगी। किसी भी सार्थक रचना को अपने आपको पूर्णतया सम्प्रेषित कर पाने में स्वतः समर्थ होना चाहिए और उसे किसी प्राक्कथन की बैसाखी का मुहताज नहीं होना चाहिए। इस मूल अवधारणा में पूर्ण विश्वास रखते हुए भी यदि मैं अपनी इस कृति की प्रस्तुति के पूर्व कुछ कहने लगा हूँ तो यह मात्र प्रसंगवश ही है।

'स्वर पाषाण-शिला के' एक भाव प्रधान काव्य है। इसका मूल भाव बीज रूप में मेरे मन में कब और कैसे अवस्थित हो गया, यह मैं प्रयासपूर्वक स्मृति की पर्तें खोलने पर भी नहीं जान पाता। मुझे इसके अस्तित्व का भान वर्ष 1971 में हुआ, जब बीज में अँकुर फूटा और वह प्रबल वेग से बढ़कर मेरी सम्पूर्ण चेतना पर छा गया। उस समय मैं निदेशक समाज कल्याण के पद पर कार्यरत था। इस पद पर कार्य करते हुए मेरा अनेक उपेक्षिताओं और परित्यक्ताओं की मर्मस्पशी व्यथा से सीधा साक्षात्कार हुआ। उनके घुटन-भरे जीवन की पीड़ा मेरे मन में बहुत गहरे पैठ गई। उन्हीं दिनों बंगलादेश-संघर्ष के सन्दर्भ में भारत-पाक युद्ध भी हुआ। बंगलादेश की घटनाओं से मुझे बहुत उद्विग्नता हुई। संघर्ष के दिनों में लाखों व्यक्तियों ने पलायन करके भारत में शरण लेकर अपनी जान बचाई। उस उथल-पुथल में असंख्य परिवारों के सदस्य एक-दूसरे से बिछुड़ गए। युद्ध के दिनों में भारतीय सेना द्वारा मुक्त कराए गए क्षेत्र से अनेक बार ये समाचार मिले कि पाकिस्तानी सेना द्वारा बनाए गए बंकरों में उनकी पाशविकता की शिकार अर्द्धनग्न अथवा नग्न स्त्रियाँ पाई गईं। इन स्त्रियों की यन्त्रणा और उनके भविष्य की

कल्पना से मैं बहुत व्यग्र हो उठता था।

वस्तुतः हमारे समाज में स्त्री-पुरुष सम्बन्धों के दुहरे मानदंड रहे हैं। एक ओर जहाँ पुरुष-वर्ग की मधुकर-वृत्ति के प्रति भी उदार दृष्टिकोण रहा है, वहीं परिस्थितिजन्य विवशताओं के कारण संकटग्रस्त हुई स्त्रियों तक को आजीवन लांछना और उपेक्षा का गरल-पान करना पड़ा। इन्हीं दुहरी मान्यताओं को दृष्टिगत रखते हुए अपने परिवारों से बिछुड़ी इन स्त्रियों के भविष्य के प्रति मैं शंकित था। मेरे मन में रह-रहकर यह प्रश्न उठता था कि क्या अपने बिछुड़े हुए परिजनों से प्रतीक्षित पुनर्मिलन होने पर इनके परिवारों का परिवेश सहज और सामान्य हो पाएगा? मुझे लगता था कि वह पुरुष समुदाय, जिस पर इन स्त्रियों की रक्षा का उत्तरदायित्व था और जो उसका निर्वाह करने में असफल रहकर अपनी जान बचाकर भाग निकला, वही इन्हें कलंकित समझकर तिरस्कार और उपेक्षा की दृष्टि से देखेगा। इस सम्भावित भविष्य की कल्पना से मेरे मन में गहरे पैठी हुई पीड़ा घनीभूत हो गई। इसी मानसिक ऊहापोह की स्थिति में मेरी यह निश्चित धारणा बनी कि नारी के प्रति ऐसा अन्याय बहुत समय से होता रहा है—अहल्या-काल से ही। हम अब तक उस स्थिति से उबर नहीं पाए हैं और अभी भी हम अहल्या-युग में ही रह रहे हैं, जिसमें अनकिए पाप का कलंक, भार ढोते रहना ही परित्यक्ता और उपेक्षिता नारी की अनिवार्य नियति है। यही अनकही वेदना इस काव्य में अहल्या के माध्यम से मुखर हुई है।

अहल्या की कथा से सभी परिचित हैं। वैसे वस्तुतः अहल्या की अपनी कोई स्वतन्त्र कथा नहीं है। हम जिससे परिचित हैं, वह तो राम-कथा में प्रसंगवश आई हुई एक अन्तर्कथा मात्र है, जिसमें अहल्या की निष्कलुषता को राम की महिमा-स्थापना की बलिवेदी पर चढ़ा दिया गया है। वस्तुतः राम की चरण-रज का माहात्म्य प्रतिपादन ही इस अन्तर्कथा का एकमात्र उद्देश्य है और इस उद्देश्य की पूर्ति के लिए अहल्या को अमानवीयता की सीमा तक अनर्थक बना दिया गया है। यह अमानवीयता उस समय वीभत्स लगने लगती है, जब केवट राम के पद-प्रक्षालन का आग्रह करते हुए ''परसें पगधूरि तरै तरनी'' तथा ''लरिका केहि भाँति जियाइहौं जू'' जैसे तर्क प्रस्तुत करता है अथवा जब विन्ध्यवासी व्रतधारी तपस्वीगण राम के वन-आगमन से 'ह्वैं हैं सिला सब चन्द्रमुखी' की उल्लसित कामना करते हैं। ये उक्तियाँ अन्यायग्रस्त परित्यक्ता नारी के प्रति कितना क्रूर भाव प्रदर्शित करती हैं, यह सहज ही रेखांकित हो जाता है।

'स्वर पाषाण-शिला के' पौराणिकता के कुहासे को विच्छिन्न करके कथा-पात्रों को सहज मानवीय संवेदना के प्रकाश में देखने का प्रयास है। प्रायः

एक दशक तक अप्रकाशित रहकर भी यह कृति अनेक साहित्यिक आयोजनों तथा काव्य-गोष्ठियों में चर्चा का विषय रही है। अहल्या की अन्तर्कथा से दिवोदास की सम्बद्धता के विषय में अनेक बार मुझसे जिज्ञासा की गई है। यह सत्य है कि अहल्या की प्रचलित अन्तर्कथा में दिवोदास का कोई उल्लेख नहीं आता तथा सामान्यजन उसके अहल्या का भाई होने की बात से सर्वथा अनभिज्ञ हैं। दिवोदास और शंबर के संघर्ष का प्रकरण भी सर्वविदित नहीं है। इस विषय में जिन प्रामाणिक ग्रन्थों से मुझे जानकारी प्राप्त हुई, उनकी सूची ससन्दर्भ इस पुस्तक के अन्त में एक परिशिष्ट के रूप में दी गई है। जिज्ञासु पाठकों के लिए ये सन्दर्भ ग्रन्थ सहायक सिद्ध होंगे। प्रसंगवश, यह स्पष्ट कर देना भी समीचीन होगा कि इतिवृत्तात्मक कथा-वर्णन मेरा अभीष्ट नहीं है। मेरा लक्ष्य है—समय की शिला के नीचे दबे उस अबोध प्रश्न-शिशु की ओर ध्यान केन्द्रित करना, जिसके अस्तित्व का भान भी हमको नहीं है, इस विश्वास के साथ कि शिला टूटेगी, प्रश्न-शिशु उठकर खड़ा होगा, पुष्ट होगा और उत्तर की अपेक्षा करेगा, जो हमें देना होगा।

इस काव्य के रचनाकाल में बन्धुवर श्री शिवशंकर मिश्र मेरे निरन्तर प्रेरणा-स्रोत रहे। उन्होंने अत्यन्त परिश्रमपूर्वक विभिन्न सन्दर्भ ग्रन्थ मुझे तत्परतापूर्वक उपलब्ध कराए। उनके अहैतुक स्नेह-सहयोग से मुझे इस काव्य-रचना में पर्याप्त सुविधा मिली। एतदर्थ मैं उनका अनुग्रहीत हूँ।

इस कृति के प्रकाशन के लिए अनेक साहित्यिक बन्धुओं का निरन्तर आग्रह रहा है और मेरी एतद्-विषयक उदासीनता के लिए उन्होंने समय-समय पर क्षोभ भी व्यक्त किया है। कदाचित् मेरी यह उदासीनता अभी आगे भी बनी रहती, किन्तु विगत जनवरी में एक काव्य-गोष्ठी में हिन्दी की सुप्रसिद्ध कवयित्री डॉ. शान्ति सुमन के इस उद्‌गार ने, कि इस कृति को अप्रकाशित रखकर मैं भी अहल्या के साथ अन्याय कर रहा हूँ, मुझे काफ़ी विचलित कर दिया। मैं उदासीनता की बात को स्वीकारता रहा हूँ, किन्तु इसके फलस्वरूप मैं अहल्या के साथ अन्याय भी कर रहा हूँ, इस तथ्य की प्रतीति ने मुझमें इस कृति के शीघ्र प्रकाशन की तत्परता उत्पन्न कर दी। इस दिशा में समुचित कर्त्तव्य-बोध कराने हेतु मैं डॉ. शान्ति सुमन का हृदय से आभारी हूँ।

उपरोक्त के बावजूद यदि मेरे कवि मित्र श्री माधव मधुकर पांडुलिपि तैयार कराने से लेकर प्रकाशन-व्यवस्था के लिए भाग-दौड़ करने एवं प्रूफ़ आदि देखने तक का समस्त उत्तरदायित्व वहन करने के लिए संकल्पित मन से प्रस्तुत न होते तो पता नहीं इसके प्रकाशन में अभी और कितना विलम्ब होता। एतदर्थ मैं उनका अत्यन्त आभारी हूँ।

अन्त में, मैं उन सभी मित्रों, जिनके प्रत्यक्ष-अप्रत्यक्ष प्रोत्साहन एवं प्रेरणा से यह कृति प्रकाशित हो सकी है, के प्रति हार्दिक आभार व्यक्त करना अपना कर्त्तव्य समझता हूँ।

आयुक्त निवास, गोरखपुर
26 मई, 1981

रमेश चन्द्र

पुनश्च

'स्वर पाषाण-शिला के' नामक इस लघु प्रबन्ध काव्य को सुधी पाठकों ने जिस उत्साहपूर्वक अपनाया तथा विज्ञ समीक्षकों द्वारा इसे जो समादर प्रदान किया गया, वह मेरे लिए प्रसन्नता का विषय है। वर्ष 1981 में प्रथम बार प्रकाशन के बाद से अब तक की अल्प अवधि में चार संस्करण प्रकाशित होने और विगत दो वर्षों से पुस्तक के अनुपलब्ध होने पर भी निरन्तर इसकी माँग बनी रहने से यह प्रतीति स्वाभाविक है कि सहृदय पाठकों में इसके प्रति आकर्षण अभी बना हुआ है।

इस काव्य को पढ़ने के उपरान्त अनेक सहृदय पाठकों ने मुझे पत्र भेजे हैं। ऐसे सभी पत्र सँजोकर न रख पाने पर भी शताधिक पत्र मेरे पास संग्रहीत हैं। प्रायः सभी पत्रों में अहल्या-प्रसंग पर इस काव्य की अभिनव दृष्टि का प्रशंसापूर्ण उल्लेख किया गया है। इन पत्र लेखकों की सद्‌भावना के प्रति मैं अनुग्रहीत हूँ।

कुछ पाठकों द्वारा, जिनकी संख्या आनुपातिक दृष्टि से नगण्य है, अहल्या की निष्कलुषता पर प्रश्न-चिह्न लगाया गया है। इस सन्दर्भ में उन्होंने वाल्मीकि रामायण का हवाला देते हुए कहा है कि अहल्या ने महर्षि गौतम का वेश धारण करके आए हुए इन्द्र को पहचान कर भी उसके समागम का निश्चय किया। एक पाठक ने तो वाल्मीकि को इतिहासकार मानते हुए अपने कथन की प्रामाणिकता पुष्ट करनी चाही है। इस काव्य में प्रथम संस्करण के प्रकाशन के अवसर पर प्रसंगवश शीर्षक से लिखी गई टिप्पणी में यह स्पष्ट कर दिया था कि कथा-वर्णन मेरा अभीष्ट नहीं है। इसीलिए मैंने लोक-प्रचलित कथा को ही काव्य का आधार बनाया था। लोक-प्रचलित कथा के अनुसार अहल्या छली गई थी और उस दुष्कृत्य में उसकी मानसिक सहभागिता नहीं थी। मौखिक परम्परा से सामान्य जन को जो आख्यान प्राप्त होते हैं, उन्हें वे सहज रूप में स्वीकार कर लेते हैं। यह लोक-स्वीकृति सन्दर्भ ग्रन्थों के उल्लेख की अपेक्षा कहीं अधिक मान्य होती है।

जनमानस में आज भी विभीषण की छवि राम-भक्त के रूप में नहीं, 'घर के भेदी' के रूप में बनी हुई है। अहल्या की भी लोक-प्रचलित छवि पापकर्म में सहभागिता की नहीं है। वाल्मीकि इतिहासकार नहीं, कवि थे। कवि के रूप में अहल्या के प्रसंग को अपनी दृष्टि से देखना उनका अधिकार था। किन्तु इससे अन्य रचनाकारों का इस प्रसंग को नवीन दृष्टि से देखने का अधिकार बाधित नहीं होता।

यह काव्य मैंने पूर्वाग्रहमुक्त तथा प्रबुद्ध-चेतना-सम्पन्न पाठकों को समर्पित किया है। अधिकांश पाठकों ने इसे उसी भावना से ग्रहण किया है। चिन्तन की गति सदैव सरल रेखा-सी नहीं होती। कभी-कभी अनायास ही उसमें कुछ वक्रता भी आ जाती है। बहुधा किसी पूर्वाग्रह के आक्षेप से मुक्त होने की प्रक्रिया में मन कुछ ऐसे तर्क खोजने का प्रयास करता है, जो संचित पूर्वाग्रहों को प्रत्यक्ष अथवा अप्रत्यक्ष समर्थन प्रदान करते हों। ऐसे तर्कों को प्रायः स्वतन्त्र चिन्तन की अलंकारिक संज्ञा भी प्रदान कर दी जाती है। राम-भक्ति के प्रचारक तथा रामचरितमानस के एक लब्धप्रतिष्ठ व्याख्याकार ने इसी प्रकार का तर्क प्रस्तुत करते हुए कहा है, ''जहाँ तक इन्द्र को शाप देने का प्रश्न है, उसमें किसी प्रकार के अनौचित्य की अनुभूति नहीं होती। किन्तु जब उन्होंने (गौतम ऋषि ने) अहल्या को शिला होने का शाप दे दिया, तब ऐसा लगता है कि जैसे यह एक निरपराध को दिया जाने वाला दंड था। पर इस सन्दर्भ में महर्षि गौतम की अपनी दृष्टि थी। वे अपनी संगिनी को धर्म की कठोर कसौटी पर कसकर देखते हैं। अहल्या इन्द्र को गौतम के वेश में देखकर ठगी क्यों जाती है? उनकी दृष्टि में यदि उसका अन्तःकरण पूर्ण रूप से शुद्ध होता तो उसे इस प्रकार की भ्रान्ति हो ही नहीं सकती थी। कहीं-न-कहीं उसके अन्तःकरण में भी इन्द्र के प्रति आकर्षण के बीज विद्यमान रहे होंगे और वही अवसर पाकर इस रूप में चरितार्थ रहे होंगे।

''महर्षि की उपुर्यक्त मान्यता को असंगत भी नहीं कहा जा सकता। इस प्रकार की कठोर कसौटी साधक को निरन्तर सजग रहने की प्रेरणा प्रदान करती है। यद्यपि व्यवहारिक विश्व में ठगा जाने वाला सहानुभूति का पात्र माना जाता है, किन्तु विचार करने पर यह स्पष्ट हो जाता है कि ठगा जाने वाला भी किसी-न-किसी अंश में उसका भागीदार होता है।''

यदि इस तर्क को स्वीकार कर लिया जाता है और उसके आधार पर अहल्या को दोषी माना जाता है तो यह भी मानना पड़ेगा कि यदि गौतम ऋषि का अन्तःकरण पूर्णरूप से शुद्ध होता तो उन्हें भी भ्रान्ति नहीं हो सकती थी। उस स्थिति में वे इन्द्र के छल को जानकर समय से पूर्व अपनी कुटिया छोड़कर नदी

में स्नान करने नहीं जाते। यदि गौतम का अन्तःकरण भी पूर्णरूप से शुद्ध नहीं था और उन्हें भी अहल्या के समान भ्रान्ति हुई तो वे भी परोक्ष रूप से दुष्कृत्य के भागीदार सिद्ध होते हैं। तब यह प्रश्न उठता है कि क्या दोषी व्यक्ति को उस् व्यक्ति को दंडित करने का अधिकार है, जो उसकी ही जैसी स्थिति में है। प्रत्येक विचारशील व्यक्ति के मन में इन प्रश्नों का उठना स्वाभाविक है।

प्रारम्भ में निवेदन किया गया है कि यह काव्य कथा-वर्णन के उद्देश्य से नहीं लिखा गया है। कतिपय सुधीजनों का ध्यान अनपेक्षित रूप से कथानक पर ही केन्द्रित होने तथा तद्नुसार प्रतिक्रिया व्यक्त करने के कारण ही मुझे ये पंक्तियाँ लिखनी पड़ीं। मेरे जिन मित्रों ने इस रचना को पढ़कर अहल्या की कथा की अन्तरंगता का अवगाहन करने में अभिरुचि ली और उस दिशा में विचार-मंथन किया, मैं उन्हें साभार प्रणाम करता हूँ। मेरी प्रस्तुत पंक्तियाँ सम्भवतः उनके चिन्तन को दिशा-बोधी बनाने का यत्किंचित् प्रयास बन सकें।

इस काव्य का प्रणयन प्रचारात्मक दृष्टि से नहीं हुआ है। अहल्या तो मात्र एक प्रतीक है, जिसके माध्यम से अनकिए पाप का दंड भोगती परित्यक्ताओं और उपेक्षिताओं की मर्मस्पर्शी व्यथा अभिव्यक्त हुई है। सामाजिक न्याय, स्त्री-पुरुष समानता तथा नारी-उत्पीड़न के विरुद्ध विद्रोह आज की प्रबुद्ध युग-चेतना के आधार, सार्थवाह और लक्ष्य हैं। अहल्या की व्यथा-कथा यदि इस नव जागरण के संकल्प को निष्ठा की शक्ति प्रदान कर सके तो मैं इसे ही इस रचना की सार्थकता और प्रयोजन की सिद्धि मानूँगा।

6, गौतमपल्ली, लखनऊ

30 जून, 1994

—रमेश चन्द्र

स्वर पाषाण-शिला के

मन्त्रों को स्वर देने वाली
रुद्ध हो गई है वाणी।
वह जो कल तक कल्याणी थी
आज बनी है पाषाणी ॥

मेरी इस जड़ता से अपने
अन्तर्मन के तार मिला के।
सूनेपन के मुखर मौन में
सुन लो स्वर पाषाण-शिला के ॥

अभिशप्त अहल्या : एक आन्तरिक एकालाप

मैं हूँ मूक शिला-सी, मेरे
मन की पीर कौन जानेगा।
मैंने कोई भूल नहीं की,
किससे कहूँ, कौन मानेगा ॥

परित्यक्ता नारी के मन की
घुटन अनकही रह जाती है।
जो भी वाणी सुन पड़ती है
वह पाषाणी कह जाती है ॥

मधुर क्षणों की सुधियाँ, जिनको
अपने अंक लगाया करती।
वह भी आकर मुझे निगोड़ी
अपने डंक लगाया करती ॥

यह कैसा वरदान दिया था
तुमने मुझको अरे विधाता।
ऐसा रूप कि जो कालिख के
बिना अधूरा ही रह जाता ॥

क्षणभंगुर जग इसमें होती
कंचन की काया भी माटी।
हो महत्व सौन्दर्य, रूप का—
कैसे चल निकली परिपाटी?

मैंने तो अपने बचपन से
तन को तप का साधन जाना।
सत्य रूप होता आत्मा का
सही ज्ञान इसको ही माना ॥

इसीलिये चढ़ते यौवन में
झुठला कर वासना देह की।
मैं अनुगामिनि बनी तपी की
जिसको सुधि रहती न गेह की ॥

शैशव के सुकुमार स्नेह को
त्याग, बसी आकर आश्रम में।
और किया अर्पित जीवन को
पति चरणों में, तप-संयम में ॥

तब से इस अनुरागी मन को
बाँधे रही प्रीति की डोरी।
ध्यानमग्न प्रियतम की छवि की
मेरी आँखें बनीं चकोरी ॥

तन की इच्छाओं को प्रिय के
पथ का बनने दिया न रोड़ा।
संवेगों पर रही लगाती
मन के अनुशासन का कोड़ा ॥

कभी-कभी देखते मुझे थे
जब वे नेह भरी चितवन से।
आँचल भरा-भरा लगता था
जग के हर अनमोल रतन से ॥

प्रियतम के सान्निध्य मात्र से
मैं फूली-फूली रहती थी।
अपने तन-मन की सुधि को भी
मैं भूली-भूली रहती थी ॥

अपनी उस नन्हीं दुनिया में
मुझे अभाव नहीं था कोई।
मैं प्रियतम की, प्रियतम मेरे,
कहीं दुराव नहीं था कोई ॥

किसी अतीन्द्रिय ब्रह्मलोक का
आँखों में सपना पलता था।
हम दोनों ही के जीवन का
इसी तरह से क्रम चलता था ॥

नित्य नियम था, अरुणशिखा जब
जागृति का आह्वान उचारे।
स्नान-ध्यान को वे जाते थे-
अलख सबेरे नदी किनारे ॥

जब प्राची में नभ का आँचल
थोड़ा-थोड़ा अरुणाता था।
तब लौटा करते थे जैसे—
बढ़ता हुआ पुण्य आता था ॥

गूँज उठा करती थी मेरी
पर्णकुटी मन्त्रोच्चारण से।
लगता था निःसृत होती थी।
वाणी स्वयं तरण-तारण से ॥

आसपास घिर आ जाते थे
ममता भरे हुए मृगछौने।
जैसे उन्हें बाँध लाये हों
आकर्षण के जादू-टोने ॥

हो जाते थे लीन कभी प्रिय
जब ग्रन्थों के अनुशीलन में।
लगता था साक्षात् ज्ञान ही
मग्न हुआ बैठा चिन्तन में ॥

कभी बिठा कर मुझे पास में
मर्म तत्व का समझाते थे।
न्यायशास्त्र के सुधी प्रणेता
गूढ़ गुत्थियाँ सुलझाते थे ॥

और कभी जिज्ञासु शिष्यगण
आकर घेर लिया करते थे।
देकर उन्हें प्रबोधन नाना
कानों में अमृत भरते थे ॥

इसी तरह सम्मोहन-चालित
सारा समय निकल जाता था।
जाने कब सन्ध्या आ जाती
जाने कब दिन ढल जाता था ॥

दिशा प्रतीची को कर जाती
थी जब सान्ध्य विभा सिन्दूरी।
लगता था शृंगार सजा कर
मेरी माँग भर गई पूरी ॥

मेरा राग, विराग पिया का
जब बँध जाते आलिंगन में।
खिल उठती थीं अनगिन कलियाँ
मेरे पुलक भरे तन-मन में ॥

गंध भरी सिहरन मन-प्राणों
का हर छोर भिगो जाती थी।
कोई थपकी-सी देता था
जाने कब मैं सो जाती थी ॥

जब आँखें खुलती थीं तब मैं
प्रियतम को सम्मुख पाती थी।
जैसे स्वप्न देह धारे हो
कुछ ऐसा ही सुख पाती थी ॥

एक मधुर मुस्कान, नयन में
मेरे जैसे काजल देते।
अपनी दिनचर्या के क्रम में
शैया से उठकर चल देते ॥

उस दिन मैं हतभागिनि ऐसा
सोई, कुछ भी जान न पाई।
छलिया अरुणशिखा ने जाने
कब आकर आवाज लगाई ॥

मुझको सोती छोड़ अकेली
जाने कब शैया से उठकर।
रूठे हुये भाग्य-से, प्रियतम
चले गये सरिता के तट पर ॥

मेरे इस लांछित जीवन की
इन बिखरी टूटी कड़ियों के।
रजनी मौन, सितारे गुमसुम–
ही साक्षी हैं उन घड़ियों के ॥

सुध-बुध सभी भुला बैठी थी
जाने किस छलना की माया।
घिर आई मेरे आँगन में
अनहोनी की काली छाया ॥

दबे पाँव मेरी शैया तक
कब आया दुर्भाग्य न जाने।
मेरी अलकों को सहलाकर
धीरे-धीरे लगा जगाने ॥

मेरे नयन नींद से बोझिल
हो भी नहीं सके थे चेतन।
टाँका तब तक शिथिल हथेली
पर आतुर अधरों का चुम्बन ॥

दौड़ी लहर कम्प की तन में
मैंने सत्वर आँखें खोलीं।
और देख प्रियतम को सम्मुख
मान भरे स्वर में यह बोली ॥

"मैं दिन भर की थकी हुई हूँ
आधी रात न मुझे सताओ।
हटो मुझे सोने दो तुम भी–
अब आराम करो, सो जाओ ॥

थोड़ी देर और, फिर तुमको
अपने नित्य नियम के क्रम में।
होना होगा प्रवृत इस घड़ी
उचित नहीं बाधा संयम में ॥

सिहरन-भरे परस मत दो प्रिय
अलसाई उँगली न मरोड़ो।
रहने दो यह क्या करते हो
मत पकड़ो बाँहों को, छोड़ो ॥"

और अधिक बोलूँ कुछ इससे
पहले ही मेरे अधरों पर।
चुम्बन की सांकेतिक भाषा
में लिख दिए मौन के अक्षर ॥

कह न सकी जो, उसके शायद
मेरे नयन बने हों दर्पण।
पुष्ट बाहुओं में सम्मोहित
तन-मन का हो गया समर्पण ॥

उस वाचाल मौन क्षण की उन
छलनामय बाँहों में बँध के।
पीने लगी अजाने, कोई
मद से भरे घूँट सौरभ के ॥

सहसा दरवाजे से कोई
पगध्वनि आती पड़ी सुनाई।
अपना लाज -भरा तन ढक कर
थोड़ा हटकर आँख घुमाई ॥

चौंक पड़ी यह देख कि सम्मुख
मेरे ही प्रियतम आते थे।
तन-मन से विचलित, असहज-से
बढ़ते पग डगमग आते थे ॥

आँख फेर देखा शैया पर
और वहाँ भी प्रिय को पाया।
लेकिन भीत मृगी-सी थर-थर
काँप रही थी उनकी काया ॥

एक साथ प्रियतम के देखे
दो आकार चकित लोचन से।
मेरा मन ऐसा घबराया
भीगा सारा तन श्रम कण से ॥

"हे प्रभु यह कैसी छलना है"
यह भी अधर नहीं कह पाये।
तब तक दरवाजे से चलकर
और पास तक प्रियतम आये ॥

क्रोध भरे स्वर में 'पापिष्ठे'
कह कर मुझे किया सम्बोधन।
"यह है कौन सेज पर तेरी"
पूछा वाणी में भर कम्पन ॥

मैं हतप्रभ रह गई न कोई
बात अधर कम्पित कह पाये।
अपलक नयन हुये पत्थर-से
खाकर चोट नहीं बह पाये ॥

वे फिर गरजे "ओ री दुष्टे
यह क्या खेल रचाया तूने।
यह तो बता कि किस ज्वाला को
भर कर कंठ लगाया तूने ॥

मैं तो समझ रहा था तेरी
तप में खरी हो रही काया।
पुरुष भला कब जान सका है
छद्म भरी नारी की माया ॥

ओ री मूर्ति सरलता की तू
इतना कपट कहाँ से लाई?
चन्दन-सी काया में भरकर
इतनी लपट कहाँ से लाई?

मैं यह जान न पाया तेरी
मुझमें भक्ति, मात्र धोखा है।
त्याग, तपस्या, सेवा, निष्ठा
पति-अनुरक्ति मात्र धोखा है ॥

अब क्यों मौन खड़ी है, बतला–
क्यों तेरे यह अधर सिल गये?
बता कहाँ पर किससे जाकर
तेरे मन के तार मिल गये?

समझ रहा हूँ, तू क्यों चुप है–
आख़िर अब तू क्या बोलेगी?
तेरा छल सम्मुख है मेरे
तू कैसे जिह्वा खोलेगी?

तू हो गई अपावन, अब क्या
काम भला मेरे आयेगी?
विमल कीर्ति-तरु पर अपयश की
अमरवेलि कैसे छायेगी?

जा, मैं फिर एकाकी जीवन
का सन्ताप लिए जाता हूँ।
तू रह जाये मूक शिला-सी
तुझको शाप दिये जाता हूँ ॥"

इतना कह कर मुड़े और फिर
चलते समय पलट कर देखा।
मेरे पास खड़ा था, अनुकृति
बनकर क्रूर नियति का लेखा ॥

विस्फारित नयनों से उसको
लगे देखने प्रियतम मेरे।
और कह उठे, "देख रहा हूँ
क्या मैं कोई स्वप्न सबेरे ॥

ओ रे दुष्ट नराधम कह तू
किस कलंक के कुल का जाया?
क्यों तूने आकर छलना का
माया जाल यहाँ फैलाया?

तू भी चुप है लेकिन इससे
तो परित्राण नहीं पायेगा।
और बचा तू किसी तरह से
अपने प्राण नहीं पायेगा ॥

तनिक ठहर तो, तेरे इस जड़
तन को चीर मिटा डालूँ मैं।
जो रह-रह मथ रही मुझे, वह–
मन की पीर मिटा डालूँ मैं ॥"

इतना कहकर झपटे, लेकिन
कटे हुये तरुवर-सी अनुकृति।
'क्षमा क्षमा' कह लगी बोलने
लुंठित प्रिय चरणों में द्रुतगति ॥

"क्रोध शान्त हो मुनिवर, मैं हूँ
इन्द्र देवताओं का स्वामी।
यहाँ अहल्या का आकर्षण
लाया मुझे बना अनुगामी ॥

मुझे क्षमा कर दो हे ऋषिवर
लज्जित हूँ अपनी करनी पर।
मेरा दोष यही है जो मैं
लगा न पाता अंकुश मन पर ॥

कोई फूल नवीन रंग का
किसी डाल पर जब खिलता है।
तब मेरा मन आतुर होकर
रस पीने को जा मिलता है ॥

मुझको था विश्वास, अहल्या
मेरी बात नहीं मानेगी।
कोई भी दूँ इसे प्रलोभन
पर यह तुच्छ उसे जानेगी ॥

इसीलिए आया था मुनिवर
धारण कर आकार तुम्हारा।
एक बार दो क्षमा, नहीं फिर
आऊँगा मैं लौट दुबारा ॥"

हाथ जोड़कर देवलोक का
पामर कीट पड़ा था ऐसे।
मेरे शिथिल पगों में कोई
काँटा एक गड़ा था जैसे ॥

परदा-सा उठ गया आँख से
समझ गई, मैं छली गई हूँ।
आसमान से गिरकर रौरव
नरक लोक में चली गई हूँ ॥

प्रियतम हतप्रभ से कुछ डगमग
पीछे पैर हटाकर बोले।
सुरपति तुझे पता क्या तूने
जीवन में कैसे विष घोले ॥

हम तो दीन अकिंचन अपनी
छोटी सी दुनिया में रहते।
सह लेते हैं हर अभाव को
नहीं किसी से कुछ भी कहते ॥

किन्तु तुझे क्या कमी पड़ गई
देवलोक की सुविधाओं में।
जिसको आया यहाँ ढूँढ़ने
मर्त्यलोक की अबलाओं में ॥

मैं भी तुझे बता दूँ धरती
ऐसा पाप नहीं सहती है।
जो लाँघे उसकी सीमा को
उसको क्षमा नहीं करती है ॥

देवराज होने के कारण
क्या मैं तुझे क्षमा कर दूँगा।
और न्याय-समता के सब
सिद्धान्तों को विनष्ट कर दूँगा ॥

धरती की अपनी मर्यादा
आँच लगाने जो आयेगा।
कोई भी हो गाँठ बाँध ले
वह सिर धुन कर पछतायेगा ॥

जा तुझको अभिशाप, वासना
की ज्वाला में रहे धधकता।
लेकिन तुष्टि न पाये, अपने
मन ही मन में रहे सुलगता ॥

परिचायक तेरी लम्पटता
का सारा शरीर हो जाये।
और अतृप्त वासना तेरे
मन की अमिट पीर हो जाये ॥

भाग यहाँ से फिर धरती की
ओर न अपनी आँख उठाना।
वरना तुझे अमर होकर भी
यहाँ पड़ेगा प्राण गँवाना ॥''

चला इन्द्र निर्लज्ज वहाँ से
शेष रही कालिख की गाथा।
तेजपुंज प्रियतम निश्चल थे
खड़े झुकाये अपना माथा ॥

नीर नयन से और अधर से
कुछ अस्फुट से स्वर बिखराते।
दो क्षण बाद चले प्रियतम भी
अपने डगमग पैर बढ़ाते ॥

लज्जा और ग्लानि से जैसी
की तैसी मैं गड़ी रह गई।
मौन भोक्ता दुस्सह क्षण की
मैं ज्यों की त्यों खड़ी रह गई ॥

तन निश्चल पाषाण शिला-सा
अन्तर में अंधड़ भावों का।
जैसे दर्द कचोट रहा हो
टीस भरे अनगिन घावों का ॥

रही सोचती खड़ी कि बिधना
किसी तरह धरती फट जाती।
और समा जाती उसमें तो
मेरी कुछ पीड़ा घट जाती ॥

कैसा क्रूर नियम विधि तेरा
यह निश्चित साँसों की गिनती।
मिलती नहीं मौत भी माँगे
अस्वीकार हो जाती विनती ॥

पथराई आँखों से मैंने
देखा घर में सूनापन था।
सूना द्वार, डगर थी सूनी
आसपास सूना निर्जन था ॥

मन का सूनापन अकुलाया
मेरे सपने छले गये हैं।
वन का सूनापन चिल्लाया
"तेरे प्रियतम चले गये हैं ॥"

गुमसुम खड़ी रही मैं यों ही
अपनी मौन घुटन के मारे।
जाने कब ढल गई यामिनी
कब निष्प्रभ हो गये सितारे ॥

भरते चीख उदास भोर में
मेरी सूनी कुटी घेर कर।
निकल-निकल अपने नीड़ों से
आ बैठे पंछी मुँडेर पर ॥

प्रश्न भरी-सी आँखें उनकी
मुझ पर कुछ इस तरह गड़ी थीं।
जैसे किसी भीड़ के आगे
मैं होकर निर्वसन खड़ी थी ॥

इधर-उधर आँखें फैलाकर
कुछ ढूँढ़ा-सा और मुड़ गये।
ग्रीवा घुमा, पंख फैलाकर—
व्यंग्य वचन-सा बोल, उड़ गये ॥

मृगछौने आये, कुछ ठिठके
फिर जाने किस तरह रँभाये।
और चल दिये धीरे-धीरे
अपनी ग्रीवा को लटकाये ॥

जाने किन सुधियों में खोया
जाने किस ममता का मारा।
काँप गया तुलसी का बिरवा
मेरे ही मन-सा बेचारा ॥

पवन बहा तो लगा द्रुमों ने
जैसे अपने हाथ हिलाये।
भूले भटके आने वाले
सपने भी वापस लौटाये ॥

शायद सारे वन-प्रान्तर में
फैल गई थी कलुष कहानी।
इसीलिए तो पास न आये
कोई शिष्य और मुनि-ज्ञानी ॥

समझ गई मैं आकर्षण का
कोई घेरा नहीं रहा है।
प्रियतम चले गये तो जग में
कोई मेरा नहीं रहा है ॥

तब से अब तक इस बजमारे
घुटन भरे जीवन को जीते।
मेरी ढीठ उमर के पल-छिन
युग की उमर लगा कर बीते ॥

बन्दी हुई यन्त्रणा, बैठा
ऐसा क्रूर नियति का पहरा।
बीत गया युग लेकिन अब तक,
लगता समय वहीं पर ठहरा ॥

अब तो तपा क्षार कर डाला
मैंने अपने कंचन-तन को।
फिर भी सुलझा नहीं सकी हूँ
एक बहुत छोटी उलझन को ॥

जब छलना मुझ तक आई थी
मेरा होश हुआ क्या जाने।
अनजाने हो गई कलंकित
मेरा दोष हुआ क्या जाने ॥

देख किसी का वैभव, मेरे
मन में कोई डाह उठी कब।
भोग-विलास भरा जीवन हो
मन में ऐसी चाह उठी कब ॥

मैंने स्वामी की सेवा में
सर्दा स्वर्ग का सुख जाना था।
समझा तुच्छ सभी निधियों को
पति को परमेश्वर माना था ॥

मन को वश में रखना, तन पर
वश से अधिक कठिन होता है।
और रहे निर्मल मन तब भी,
तन क्या कभी मलिन होता है?

देता नहीं छोड़ कोई भी
पड़ा हुआ कीचड़ में सोना।
मैं ही हूँ हतभागिनि ऐसी
पड़ा जिसे जीवन भर रोना ॥

कहते हैं यदि मन निर्मल हो
तन का सारा मल धोता है।
लेता जन्म पंक में लेकिन
फिर भी कमल अमल होता है ॥

मैं अनजाने पड़ी पंक में
लेकिन मन में पाप न आया।
जाने दोष कौन-सा देखा
मुझ दुखियारी को ठुकराया ॥

अब तो हूँ मैं निपट अकेली
बोलो ओ री मौन दिशाओ।
तुम क्यों चुप निर्जन के तरुवर
कुछ तो बोलो मौन हवाओ ॥

क्या मैं सचमुच पापिष्ठा हूँ—
बस इतना मुझको बतला दो।
सह लूँगी मैं व्यथा शाप की
मेरा पाप मुझे बतला दो ॥

तुम सब चुप, मैं समझ रही हूँ
मन की ग्रन्थि कौन खोलेगा।
मैं अभिशापित अबला नारी
मुझसे भला कौन बोलेगा ॥

प्रियतम मेरे जनम-जनम की
मेरी निष्ठा को ठुकराकर।
क्या सन्तोष मिल गया तुमको
मुझको पापिष्ठा बतलाकर ॥

उस दिन वज्रपात-सा मुझ पर
जब टूटा छलना का संभ्रम।
लज्जा और ग्लानि के मारे
रुद्ध हुआ था वाणी का क्रम ॥

तुम तो जान गये थे, मैंने
सिर्फ़ तुम्हीं को अपनाया था।
इन्द्र निगोड़ा छल करने को
रूप तुम्हारा धर आया था ॥

तन हो गया समर्पित जिसको
मेरे मन ने जाना तुम थे।
बसे हुए मेरी साँसों में,
कसे हुए बाँहों में तुम थे ॥

क्या थी व्यर्थ भावना मन की
तन का सिर्फ़ महत्व रह गया?
बोलो सिमट-सिमट कर केवल
क्या इतना ही तत्व रह गया?

यदि लम्पट नर कोई, नारी
की मर्यादा को छल जाये।
क्या है यही नियति बेचारी
सुलग-सुलग कर वह जल जाये?

यद्यपि शाप तुम्हारा अब तक
भोग रही वरदान समझ कर।
पति के वचनों की मर्यादा
में अपना सम्मान समझ कर ॥

पर अपराध हुआ क्या मेरा
अब तक जान नहीं पाई हूँ।
किस विधान से मैं कलुषित हूँ
यह पहचान नहीं पाई हूँ ॥

मेरे जीवन की बाती को
जो कुछ मिले स्नेह-कण, तुम से।
अन्धकार-पूरित जीवन को
जो कुछ मिले ज्योति-कण, तुमसे।

क्रूर नियति ने मुझको ऐसे
अन्ध-कूप में छोड़ दिया है।
लगता है कृश ज्योति-किरण ने
बेबस हो दम तोड़ दिया है ॥

मेरी यह सामर्थ्य कहाँ जो
बचकर स्वयं निकल आऊँगी।
तुम हो मेरे सखा, स्वामि, गुरु
सम्बल तुम से ही पाऊँगी ॥

मुझे सदा की तरह ज्ञान दो
न्यायशास्त्र के पंडित बोलो।
आख़िर पाप किया क्या मैंने
बोलो, हृदय टटोलो, बोलो ॥

इन्द्र : एक आत्मकथ्य

यह तो सच है देवलोक में
थीं उपलब्ध सभी सुविधायें।
पर स्वीकार नहीं सुरपुर को
अर्थहीन जड़ मर्यादायें॥

मन तो सहज रूप-रस लोभी
नहीं मानता कोई बाधा।
इसका दमन करे जो कोई
वह व्यक्तित्व अधूरा, आधा॥

सहज वृत्ति में मन का रमना
विधि का शाप नहीं हो सकता।
इसका दमन पुण्य कहलाये
साधन पाप, नहीं हो सकता॥

ऐसा मूर्ख नहीं था कोई
जग का सिरजनहार विधाता।
जो यों ही मुरझा जाने को
भाँति-भाँति के फूल खिलाता॥

क्यों अलिवृन्द बनाये उसने
क्यों दे दिया रस भरा गुंजन।
इसीलिये, जिससे भर पायें
कलियों के मन का सूनापन॥

और विविधता का आकर्षण
भी तो बहुत सहज होता है।
बँधा हुआ जल पंकिल होता
अपनी निर्मलता खोता है ॥

जीवन तो उद्दाम लहर है–
प्रतिपल नई-नई चाहों की।
इसीलिये तो खोजबीन है–
प्रतिपल नई-नई राहों की ॥

नई-नई बाँहों के घेरे
नये-नये रस बोध कराते।
यों ही चलता जाता जीवन
अविरल गति से हँसते गाते ॥

इतनी सरल बात को धरती
वाले जान नहीं क्यों पाते?
तप में रस ढूँढ़ा करते हैं
उद्गम जान नहीं क्यों पाते?

किन्तु देख कर इनकी दृढ़ता
मैं आतंकित हो जाता हूँ।
शायद मेरा लोक लक्ष्य हो,
मैं यह शंकित हो जाता हूँ ॥

ऐसा ही तो तप गौतम ने
करके इतनी ख्याति कमाई।
मुझको शंका हुई कि इसने
क्या सुरपुर पर आँख लगाई?

आते देख घोर यह संकट
कुछ तो साधन करना ही था।
जितना पुण्य मिला गौतम को
मुझको कुछ तो हरना ही था॥

और भाग्य से ऋषि के आश्रम
में कुछ ऐसा आकर्षण था।
जिसके पीछे उलझा-उलझा
बहुत दिनों से मेरा मन था॥

ऋषि-पत्नी सुकुमारि अहल्या
विधि ने दिया रूप का टीका।
ऐसा रूप कि जिसके आगे
सारा सुरपुर लगता फीका॥

अंकशायिनी बने वही यदि
स्वतः क्षीण ऋषि का तप-बल हो।
एक पंथ दो काज सधें तो
मेरे जीवन में मंगल हो॥

भोग न विधि की अनुपम कृति का
देवराज होकर कर पाता।
तो क्या रह जाता जीवन में
सुरपुर को कालिख लग जाता॥

इसीलिये तो रस अन्वेषी
मन ही मन लहराता गाता।
अंग-अंग में ज्वाला भर कर
चला गया था मैं मदमाता॥

मात्र सहज आकर्षण से मैं
धरती पर जाकर पहुँचा था।
जैसे कोई भूला-भटका
बहुत दिनों पर घर पहुँचा था॥

लेकिन अपने मन के भीतर
लगा हुआ था यह डर मुझको।
कर देगी अपमान अहल्या
ठुकरा देगी प्रणयी स्वर को।

इसीलिये धारण कर मैंने
गौतम-वेश सावधानी से।
छल को बना सिद्धि का साधन
पान किया रस मनमानी से॥

पर मेरा दुर्भाग्य लौटकर
कितना शीघ्र वहाँ पर आया।
बाहु-पाश में देख अहल्या
क्रोधित होकर शाप लगाया॥

ऐसा शाप कि जिससे अब तक
तड़प-तड़प कर रह जाता हूँ।
अपनी आतुर इच्छाओं को
जब देखो कुंठित पाता हूँ॥

योनि-चिह्न अंकित शरीर पर
मूर्त वासना-विज्ञापन से।
जैसे किसी भर्त्सना के स्वर
निकल रहे हों मेरे तन से॥

अपने ही रेशमी गात से
जब मेरी आँखें टकरातीं।
कितनी लज्जा से भर जातीं
धार आँसुओं की बरसातीं ॥

अच्छा होता यदि मर जाता
इस लांछना भरे जीवन से।
यह अमरत्व दान में विधि ने
दिया न जाने कैसे मन से?

अब भी कोई कमी नहीं है
सुरपुर भरा अप्सराओं से।
किन्तु सभी की दृष्टि व्यंग्य-सा
करती है मेरे घावों से ॥

जब भी मुझे समर्पण करतीं
लगती हैं अनमनी अबस-सी।
जैसे मैं बूढ़ा मरुथल हूँ
सूख गई है धारा रस की ॥

अब भी वही वेग नस-नस में
वैसी ही उद्दाम जवानी।
मथती रहती मेरे मन को
वैसी ही चाहें दीवानी ॥

सब कुछ है वैसा ही मुझको
कोई दोष नहीं मिलता है।
किन्तु न जाने क्या हो जाता
जो सन्तोष नहीं मिलता है ॥

कोई यत्न करूँ मैं लेकिन
आकुलता बढ़ती ही जाती है।
तड़प-तड़प कर रह जाता हूँ
जलती रह जाती है छाती ॥

बाँहें मात्र यन्त्र चालित-सी
भर लेती हैं रूप अंक में।
और शिथिल हो जातीं जैसे
बेसुध होकर पड़ीं पंक में ॥

लज्जा बढ़ जाती है मेरी
और ग्लानि से भर जाता मन।
आँखें नीची हो जाती हैं
लगता, हुआ पराजित यौवन ॥

चिनगारियाँ छूटतीं तन से
मैं दहता ही रह जाता हूँ।
मौन घुटन छा जाती मन में
मैं सहता ही रह जाता हूँ ॥

इससे पहले तो जीवन में
हीन भाव से नहीं घिरा था।
इतनी कुंठा नहीं हुई थी
इतना तो मन नहीं गिरा था ॥

कह भी नहीं जिसे पाता हूँ
यह सन्ताप दिया क्या तुमने?
भार हो रहा जीवन मेरा
ऋषि यह शाप दिया क्या तुमने?

है विख्यात पराक्रम मेरा
हार नहीं मानी जीवन में।
लेकिन अब दुर्दशा देखकर
पड़ा हुआ हूँ मैं उलझन में ॥

छल-बल, शौर्य हुआ अपमानित
यह सामर्थ्य कहाँ से आई?
इतनी शक्ति वचन में केवल
ऋषि तुमने किस भाँति जुटाई?

क्या मेरे विक्रम, यश, गौरव
का सारा युग बीत गया है?
देवराज हो गया पराजित
धरतीवासी जीत गया है ॥

मुझे बिखरती-सी लगती हैं
देवलोक की आकांक्षायें।
धरती ने करवट बदली है
बदल रही हैं परिभाषायें ॥

जिसको पाप कहे कोई ऋषि
पाप वही माना जायेगा।
धरती जिसे मान्यता देगी
पुण्य वही अब कहलायेगा ॥

गौतम : अन्तर्मन्थन

मूक शिला-सी बनी अहल्या
मैंने ही तो शाप दिया था।
अब क्यों मन उद्वेलित होता
क्या मैंने कुछ पाप किया था?

जाने कितनी भूली-बिसरी
बातों में मन खो जाता है।
अब वे सुधियाँ क्यों आती हैं
उनसे मेरा क्या नाता है?

अब तो दूर चला आया हूँ
नाता तोड़ विगत से अपने।
फिर भी आते हैं जाने क्यों
फिर-फिर वही पुराने सपने ॥

मन एकाग्र नहीं क्यों होता
जाने क्यों चिन्तन में मेरे।
सजल नयन तापसी प्रिया-छवि
रह-रह कर दे जाती फेरे ॥

ध्यान लगाने की चेष्टा में
खुल-खुल जाते नयन अचानक।
जैसे ढूँढ़ रहे हों अपनी
खोई हुई ज्योति को अपलक ॥

अर्घ्य चढ़ाने पर लगता है
पत्र-पुष्प मुझको दे देगी।
अभी अहल्या खड़ी पार्श्व में
रीता अर्घ्य-पात्र ले लेगी ॥

सन्ध्या समय आरती-वेला
लगता है वह आ जायेगी।
मेरी सजी हुई थाली में
आकर दिया जला जायेगी ॥

ग्रन्थ पढ़ूँ तो अर्थहीन से
पृष्ठ सभी खुलते जाते हैं।
कोई सूत्र नहीं मिलता है
लगता अर्थ बदल जाते हैं ॥

मौन प्रतीक्षा-सी करता हूँ
अभी अहल्या आ जायेगी।
"देर हो गई अब सो जाओ"
ग्रन्थ हटा कर समझायेगी ॥

किन्तु प्रतीक्षा निष्फल रहती
ज्यों का त्यों रहता सूनापन।
रात और दिन ढलते जाते
मैं ज्यों का त्यों रहता उन्मन ॥

जाने क्या हो गया मुझे जो
मैं खोया-खोया रहता हूँ।
आकृति सहज बनाये रखता
भीतर ही भीतर दहता हूँ ॥

एक खोखलापन जीवन में
आकर ऐसा समा गया है।
जैसे शून्य अचेतन मन को
अपनी उँगली थमा गया है ॥

अपनी इस दुर्गति का किसको
क्या कह कर दोषी ठहराऊँ।
और किसी को क्या समझाना
अपने को ही क्या समझाऊँ ॥

लगता है मेरी अपनी ही
करनी है, मेरी बरबादी।
शायद जीवन को मैंने ही
अपने हाथों आग लगा दी ॥

देवि अहल्या को कुटिया में
जब से पाणिग्रहण कर लाया।
मेरे साथ रही थी बनकर
मेरी ही अनुगामिनि छाया ॥

मैं रत रहा लगन में अपनी
दे न सका कुछ सुख सुविधायें।
फिर भी सहज भाव-सेवा-रत
फिरती रही दाहिने-बायें ॥

उसको दे भी क्या सकता था
मुझ-सा दीन अकिंचन प्राणी।
फिर भी तुष्ट रहा करती थी
हर्ष-विभोर सदा कल्याणी ॥

कितने बड़े जतन से उसका
विधि ने ऐसा रूप सजाया।
हाथ लगाते डर लगता था
मैली हो जायेगी काया ॥

मेरा क्या, मैं तो शैशव से
घर को छोड़ हुआ बन-वासी।
और अहल्या को पाकर भी
मन से बना रहा संन्यासी ॥

फिर भी करती रही अनुग्रह
वह साकार मूर्ति ममता की।
सहती रही उदासी मेरी
क्या सीमा उसकी क्षमता की ॥

इतने दिन का साथ रहा पर
कोई ऐसी बात न आई।
जिससे मैं सोचता कि मेरी
अवहेलना पड़ी दिखलाई ॥

यों तो स्वाभाविक ही मेरे
मन का अहम् मुझे छलता था।
सच तो यह है तप में मेरे
स्नेह अहल्या का जलता था ॥

नेह भरी चितवन से रस में
ऐसा मुझे भिगो जाती थी।
तप की दाह-भरी काया भी
पल में शीतल हो जाती थी ॥

अब क्या सोचूँ इन बातों को
अब तो वह दिन बीत गये हैं।
क्षीण हो गये पुण्य और वह
मधुमय क्षण भी रीत गये हैं ॥

उस दिन क्या हो गया अचानक
क्यों मन भ्रमित हो गया मेरा।
क्या हो गया विवेक न जाने
क्यों सन्तुलन खो गया मेरा ॥

वह शुचिता साकार लगी क्यों
उस क्षण मुझको पाप-मूल-सी?
और मूकता हतप्रभ जाने
क्यों स्वीकृति-सी लगी भूल की?

जान गया था छल को फिर भी
मुझको इतना क्रोध हुआ क्यों?
होकर के विद्वान मनीषी
इतना निपट अबोध हुआ क्यों?

मैं तो मन के ही संयम को
सबसे बड़ा नियम कहता था।
देह-कर्म पर आधारित हो
उसे धर्म का भ्रम कहता था ॥

फिर जाने क्यों मेरा ही मन
अपने पर संयम खो बैठा।
जिसको बहुत दिनों में पाया
अपना वही नियम खो बैठा ॥

तन से छली गई नारी को
मैंने क्यों कह दिया अपावन?
मन से तो निष्कलुष अहल्या
उतनी जितना भोला बचपन ॥

मैं अन्याय कर गया उस पर
किन्तु न उसकी जिह्वा डोली।
गरल घूँट-सा मौन पी गई
एक शब्द भी किन्तु न बोली ॥

कितना था विश्वास, सत्य पर
उसको अपनी ही दृढ़ता का।
एक बार भी उसके मुँह से
निकल न पाया शब्द क्षमा का ॥

जितना मैं सोचता, अहल्या
उतनी ही महान लगती है।
उसके आगे मैं बौना हूँ
वह साक्षात् ज्ञान लगती है ॥

मेरे न्यायशास्त्र के पन्ने
लगता मेरी हँसी उड़ाते।
जो भी किये विवेचन मैंने
लगता व्यंग्य-वचन कह जाते।

लोक-दृष्टि में अब तक मेरा
नाम वही चलता जाता है।
किन्तु दृष्टि में अपनी, सारा
अहम् स्वतः गलता जाता है ॥

सारी भूल हुई है मुझसे
मैं ही हूँ दोषी, कल्याणी।
क्या तुम मुझे क्षमा कर दोगी
सुन पाओगी मेरी वाणी ॥

तुम तो तप में लीन हुई हो
अडिग मूर्ति जैसी पथराई।
नाप रही होगी जाने किस
पुण्य साधना की गहराई ॥

और यहाँ मैं भटका-भटका
रहता हूँ अपनी उलझन में।
लगता है मैं टूट गया हूँ
साँसें लगती हैं बन्धन में ॥

क्षीण लहर-सी जब तब आती
फिर अपनी कुटिया पर जाऊँ।
तप में लीन प्रिया को, कन्धा
पकड़ उठा कर कंठ लगाऊँ ॥

एक भीरुता ने आकर कुछ
ऐसा जकड़ लिया जीवन को।
लोक कहेगा क्या, जानेगा
यदि मेरे अन्तर्मन्थन को ॥

लोक-लाज से पोषित मेरी
यह अनीति भर ही समर्थ है।
लोक अस्वीकृत हो जाने के
भय से सारा ज्ञान व्यर्थ है ॥

अरी विवशते बता कि तूने
डाली है यह कैसी बाधा?
मन की बात न कहने देती
आड़े आ जाती मर्यादा ॥

दिवोदास : द्विधाग्रस्त

अपमानित हो गई अहल्या
सुनता नित्य यही चर्चायें।
याग-यज्ञ निष्फल से लगते
अर्थहीन-सी वेद ऋचायें ॥

राज-काज में यन्त्र सरीखा
जीवन-क्रम चलता रहता है।
क्या जाने विकास होता या
केवल भ्रम पलता रहता है?

जीवन का आधार टिका है
सुखद भविष्यत् के सपनों पर।
अन्तहीन-सी इस यात्रा में
होता वर्तमान न्यौछावर ॥

किसे ज्ञात है कैसा होगा
वह कल जो आने वाला है?
जाने कौन अदृष्ट नियन्ता
भक्षक है या रखवाला है?

मैंने शैशव से देखा है
होती नहीं कभी मनचीती।
सभी प्रयासों को झुठलाकर
कुटिल परिस्थितियाँ ही जीती ॥

मेरे और अहल्या के तन
दो थे किन्तु एक ही मन था।
क्षण-भर विलग नहीं रह पाते
ऐसा प्रबल नेह-बन्धन था ॥

उछल कूद कर वन-उपवन में
साथ-साथ तितलियाँ पकड़ते।
और एक ही फूल तोड़ने–
को दोनों जब-तब लड़ पड़ते ॥

खेल-खेल में कभी हार कर
करती मान, रूठ जाती थी।
माँ के पास शिकायत करने–
को दौड़ी-दौड़ी जाती थी ॥

क्षण-भर बाद किन्तु हम दोनों
एक साथ मिल कर जाते थे।
और घरौंदे रचकर दोनों
धूमिल-वसन लौट आते थे ॥

वह गुड़िया का ब्याह रचाती
थी नन्हें हाथों से अपने।
मैं तुतलाता बोल मन्त्र के
अब वह दिन लगते हैं सपने ॥

साथ-साथ सन्ध्या-वेला में
करते हम दोनों गौ-दोहन।
साथ-साथ सीखा दोनों ने
अस्त्र चलाना, अश्वारोहण ॥

जब तक चेत सँभालूँ, तब तक
बीत गए शैशव के वे दिन।
कैसे पंख लगा कर उड़ते
जीवन के कोमलतम पल-छिन॥

तभी एक दिन पितृदेव ने
मुझको अपने पास बुलाया।
क्षात्र-धर्म की परम्परा का
गौरवमय इतिहास बताया॥

और कहा "अब गुरु-चरणों में
जाकर करो ज्ञान का अर्जन।
सीखो धर्म, नीति की बातें
विद्याभ्यास सैन्य-संचालन॥"

मैं चल दिया छोड़ कर शैशव
की स्नेहिल मोहकता का क्रम।
बिखरे सूत्र सँजोता पहुँचा
गुरुवर भरद्वाज के आश्रम॥

ज्ञान-पिपासा थी उत्कट पर
घर की याद बहुत आती थी।
खेलूँ साथ अहल्या के यह
इच्छा रह-रह अकुलाती थी॥

होती गई व्यस्त दिनचर्या
बढ़ता गया नित्य अनुशासन।
पढ़ता रहा पाठ संयम के
कसता रहा विवश-सा जीवन॥

तज किशोर वय की चंचलता
यौवन की देहरि पर आया।
राजनीति का ज्ञान अपरिमित
गुरुवर के श्रीमुख से पाया ॥

होती गई प्रबल आकांक्षा
असुरहीन धरती हो जाये।
आर्यावर्त सुदृढ़ निष्कंटक
हो, मन में सपने भर आये ॥

बारह बरस बिता गुरुकुल में
जिन आदर्शों को अपनाया।
उन पर चलने का व्रत लेकर
दीक्षा ले घर वापस आया ॥

मैं तो बहुत दिनों में आया
ममता और नेह का प्यासा।
घर आने पर देखा तो कुछ
वातावरण लगा बदला-सा ॥

माता और पिता दोनों की
काया कुछ कृश-सी लगती थी।
बहन अहल्या भी उदास-सी
कुछ-कुछ परवश-सी लगती थी ॥

वीतराग गौतम से ऐसा
दृढ़ सम्बन्ध नेह का जोड़ा।
राजघराने के वैभव से
अनायास अपना मुँह मोड़ा ॥

गुमसुम-सी, खोई-खोई-सी
रहती थी वह राज भवन में।
मापहीन-सी गहराई में
कुटिया समा गई थी मन में ॥

आयोजन हो गया ब्याह का
वेद-विहित विधियाँ अपनाईं।
माता-पिता और मेरे मन
बसी लाड़ली हुई पराई ॥

गौतम तो रमता जोगी था
संग साथ बहते पानी-सी।
गई अहल्या छोड़ पितृकुल
सम्मोहित-सी, दीवानी-सी ॥

जाने कहाँ-कहाँ पर भटके
दोनों वीतराग दृढ़ संयम।
सुनते हैं मिथिला में जाकर
रहने लगे बनाकर आश्रम ॥

ज्यों-ज्यों दिन बीते, जन-जन में
हुई प्रशंसित तापस जोड़ी।
नियम धर्म पालन में दोनों
की रहती थी होड़ा-होड़ी ॥

रोम-रोम मेरा असीसता
सुन-सुन कर उनकी यश-गाथा।
नन्दनवन-सा सुरभित जीवन
हिमगिरि-सा उन्नत हो माथा ॥

मेरे सिन्धु देश में असुरों
के उत्पात लगे थे बढ़ने।
होता गया व्यस्त, कितने ही
भीषण युद्ध पड़ गये लड़ने ॥

बीते कितने बरस, अभी तक
संघर्षों की वही कहानी।
दस्यु अभी तक कर उठते हैं
जहाँ-तहाँ अक्सर मनमानी ॥

आर्यावर्त निरापद अब तक
हुआ नहीं कितने दिन बीते।
तृष्णा मिटी न तलवारों की
अब तक अरि-शोणित को पीते ॥

साक्षी हैं मेरे भुजबल की
फैली चारों ओर दिशायें।
मानी नहीं अभी भी मेरे
शौर्य पराक्रम ने सीमायें ॥

क्या अपमान अहल्या का मैं
चुप होकर ही सह जाऊँगा?
दुनियां आँख उठायेगी, मैं
नतमस्तक ही रह जाऊँगा ॥

मन में बार-बार आता है
बदला लूँ अत्याचारी से।
लेकिन गात शिथिल हो जाता
जाने कैसी लाचारी से ॥

मेरे स्वप्न उदास बता दे
क्या मर गया आँख का पानी?
कम हो गई रुधिर की ऊष्मा
या कुंठित हो गई जवानी?

मन कहता है—"इतना मुझमें
क्यों अवसाद उभर आया है?
तेरी रक्त-शिराओं में यह
कैसा हिमजल भर आया है?

ले सकता प्रतिशोध शत्रु से
बलशाली हो चाहे जितना।
मन की तपन मिटा सकता है,
शेष अभी तुझमें बल इतना॥"

कौन शत्रु है, कौन मित्र है
इसकी भी पहचान कठिन है।
लांछन लगे मित्र के हाथों
कैसा युग, कैसा दुर्दिन है?

इन्द्र मित्र है मेरा, इसकी
चर्चा तो हर गाँव-गली है।
मन पर बहुत बोझ है उसने
मेरी भोली बहन छली है॥

शम्बर उधर सजाये है दल
पौरुष को ललकार रहा है।
लोहा लूँ उससे मैं, सारा
आर्यावर्त पुकार रहा है॥

मेरे ऊपर टिके हुये हैं
आशा-भरे नयन जन-जन के।
मनुहारें-सी करते, भूलूँ
मैं विषाद अपने जीवन के ॥

यदि संघर्ष इन्द्र से होगा
शम्बर अवसर पा जायेगा।
होगा शक्ति विभाजन-विघटन,
दल-बल व्यर्थ चला जायेगा ॥

जाने कौन कि फिर धरती पर
किसका बजा करेगा डंका।
शेष नाम लेवा भी होगा
या कि नहीं सबको यह शंका ॥

इसीलिये प्रस्ताव आ रहे
बीत चुका जो उसे बिसारूँ।
लेकर साथ इन्द्र को अपने
आर्यों का भय-भार उतारूँ ॥

यदि प्रतिशोध इन्द्र से लूँ तो
असुरों का बल बढ़ जायेगा।
भूलूँ तो कलंक का टीका
सदा-सदा को मढ़ जायेगा ॥

जाने कैसे विकट मोड़ पर
आ पहुँचा है मेरा जीवन।
क्या छोड़ूँ, अपनाऊँ किसको
द्विधाग्रस्त मन की यह उलझन ॥

किंकर्तव्य-विमूढ़ हुआ हूँ
देती नहीं राह दिखलाई।
बहन अहल्या कितना बेबस
तेरा यह हतभागा भाई ॥

मैं भ्रम में हूँ लेकिन शायद
राजनीति का यही नियम है।
अपना हर दुख देश-धर्म पर
संकट की तुलना में कम है ॥

सुदृढ़ राष्ट्र के लिये व्यक्तिगत
जीवन को बलि होना होगा।
पीकर घूँट लहू के सारे
दुख कलंक को ढोना होगा ॥

भारी बोझ विवशताओं का
मुझको इन कन्धों पर ढोना।
आज देश आह्वान कर रहा
मन की पीर मुखर मत होना ॥

बलिदानों की घड़ी, हृदय पर
हमको पत्थर धरना होगा।
बहन अहल्या तुझे कलंकित
जीवन जीना-मरना होगा ॥

अहल्या : शापमुक्त-किन्तु ?

आये लौट प्राणप्रिय मेरे
हरदम आसपास रहती हूँ।
बीती अवधि शाप की फिर क्यों
जाने मैं उदास रहती हूँ ॥

मेरे मन क्या तुझे हुआ है
सुख की घड़ियों में दुख कैसा?
तप की ज्योति जगाई जिस पर
कान्तिहीन है वह मुख कैसा?

तन तो थका उमर से पर क्यों
मन की चुभन अभी बाक़ी है?
कोई एक छोर अन्तर का
लगता अब तक एकाकी है।

है सान्निध्य सुलभ प्रियतम का
अब तो मुझको रात और दिन।
अर्थहीन उड़ते-से लगते
फिर क्यों शेष उमर के पल-छिन?

यह प्रियतम को सहज समर्पित
जीवन क्यों लगता है सूना?
साँसें भार हुई जाती हैं
बढ़ता ही जाता दुख दूना ॥

लगता है कुछ शेष नहीं है
अब इस जीवन में करने को।
विधि क्या तूने सिरजा मुझको
मन में घुटन लिये मरने को?

जनम-जनम के कलुष मिट गये
अब तो सारा जग कहता है।
फिर भी जाने क्यों आकुल मन
मेरा दहता ही रहता है?

मात्र यन्त्रचालित-सी मेरी
दिनचर्या होती रहती है।
दबी हुई पूजन-अर्चन में
मूक व्यथा रोती रहती है ॥

शायद मेरी बात अनकही
इतनी मुखर हुआ करती है।
अनजाने प्रियतम के मन के
कोई तार छुआ करती है ॥

रहते हैं चुप किन्तु उदासी
मुख पर स्वतः झलक आती है।
जैसे झटका खाकर कोई
गागर भरी छलक जाती है ॥

भरे याचना-सी नयनों में
प्रियतम मुझे निहारा करते।
और अकारण ही कल्याणी
कह कर मुझे पुकारा करते ॥

मैं नतशीश पास जाकर जब
कहती हूँ "क्या आज्ञा स्वामी।"
बाँह पकड़ मुझको बिठलाकर
फिर चुप रह जाते हैं स्वामी॥

मैं पूछती बुलाया है क्यों
प्रियतम चुप होकर रह जाते।
"कोई बात नहीं" यह कह कर
कभी-कभी खोकर रह जाते॥

एक प्रश्न जो इतने दिन से
घुमड़ा करता मेरे मन में।
आता नहीं जीभ पर लेकिन
भर-भर आता वही नयन में॥

उसे समझने पर भी उत्तर
प्रिय के मुख से नहीं निकलता।
कातर दृष्टि बता देती है
उनके प्राणों की विह्वलता॥

अब इसके आगे क्या बोलूँ
कुछ भी समझ नहीं पाती हूँ।
"समय हो गया है पूजा का"
बस यह कह कर उठ जाती हूँ॥

कैसे व्यथा हरूँ प्रियतम की
कैसे भार उतारूँ मन का?
कुछ भी सोच न पाती कैसे
समाधान हो इस उलझन का?

लगता खोई बियावान में
कहीं सूझती राह नहीं है।
तन हारा, मन में भी कोई
शेष रहा उत्साह नहीं है ॥

ढलती हुई उमर है जाने
कब साँसों का क्रम रुक जाये।
मैं तो उठ जाऊँ धरती से
रह ज्यों का त्यों सब दुख जाये ॥

मेरे उस अनकिये पाप की
प्रचलित रह जाये न कहानी।
मरने पर भी मेरे मन की
पीड़ा रह जाये अनजानी ॥

कैसा यत्न करूँ मैं जिससे
मेरा प्राण भले घुल जाये।
लेकिन माथे पर आरोपित
कालिख का टीका धुल जाये ॥

ज्ञान-स्रोत कह कह कर जिसको
सारी दुनिया ने अपनाया।
प्रियतम का वाचाल न्याय वह
मेरे कोई काम न आया ॥

ऋषि, मुनि, ज्ञानी मौन रह गये
लोकरीति की हुई दुहाई।
तिल-तिल कर जल गई बिचारी
मेरी घुटन भरी तरुणाई ॥

नृप विदेह-से न्यायमूर्ति का
डोला नहीं राजसिंहासन।
या लोकापवाद के भय से
भूल गये सारा अनुशासन ॥

कहते हैं ईश्वर के घर में
सब को न्याय मिला करता है।
मेरे साथ दया करने में
जाने क्यों वह भी डरता है ॥

राम तुम्हारी ख्याति चतुर्दिक
कहलाते ईश्वर अवतारी।
कैसा पुण्य दिया जो लांछित
बनी रही अबला बेचारी ॥

देते पोंछ कलुष का टीका
कुछ सम्मानयुक्त कर देते।
चाहे शाप बना रहता पर
मुझको पापमुक्त कर देते ॥

जग ने पापिन मुझे बताया
तुमने मौन कर लिया धारण।
पुष्टि हुई अनकिये पाप की
तुम कहलाये अधम-उधारण ॥

अन्तर्यामी कहलाते हो
क्या तुम यह भी जान सकोगे?
एक झूठ इतिहास बन गया
कुछ इसको अनुमान सकोगे?

तुम हो पुरुष भला तुम नारी
के अन्तर्मन को क्या जानो?
रह-रह कर उद्वेलित करने
वाली उलझन को क्या जानो?

वर्तमान को भोग रहे हम
किसको पता अनागत लेखा?
कल को जाने क्या हो जाये
किसने पढ़ी भाग्य की रेखा?

कुछ ऐसी ही कुटिल परिस्थिति
आई अगर तुम्हारे घर में।
लांछित हुई प्रिया-परिणीता
ऐसी लोक-रीति निष्ठुर में ॥

तुम अविवेकी पुरुष अकारण
पालोगे झूठी मर्यादा।
पुरुषोत्तम कहलाने-भर का
लालच बन जायेगा बाधा ॥

किन्तु हृदय पर जो बीतेगी
मुख से कभी न कह पाओगे।
तब आएगी याद अहल्या
आँसू भर-भर रह जाओगे ॥

ओ रे मन निष्ठुर यह तूने
जाने क्या से क्या कह डाला।
आत्मसात् कर हालाहल को
बन जा नीलकंठ मतवाला ॥

ओ दुनिया भर की विपदाओ
और किसी के घर मत जाना।
मेरे द्वार तुम्हारा स्वागत
ठौर ठिकाना है पहचाना ॥

जब जी चाहे-तब आ जाना
मेरा द्वार खुला पाओगी।
मुझसे परिचय बहुत पुराना
स्वागत में तत्पर पाओगी ॥

चिरजीवी हो राम, तुम्हारे
पथ में कभी न हों बाधायें।
मिलती रहें सदा निशि-वासर
जीवन की सारी सुविधायें ॥

वत्स! क्षमा कर देना मुझको
मेरी बहुत बड़ी मजबूरी।
मेरे जग के मापदंड में
धरती-आसमान की दूरी ॥

सच्चाई से आँख मूँदने
को मैं साध्य नहीं मानूँगी।
लीक पीटने वाले तुमको
मैं आराध्य नहीं मानूँगी ॥

सच की तरह प्रचारित होकर
कल्पित किम्वदन्तियाँ छाईं।
जनमानस दिग्भ्रमित हो रहा
देती नहीं राह दिखलाई ॥

कोई भी संकेत नहीं जो
घटता हुआ लगे अँधियारा।
जाने कब तक दर-दर ठोकर
खाता फिरे सत्य बनजारा ॥

किन्तु किसी कोने में मन के
यह विश्वास पला करता है।
कोई अन्धा युग अनीति का
नहीं सदैव चला करता है ॥

रात भले लम्बी हो लेकिन
निश्चित कभी सुबह आएगी।
जड़ता सभी तिरोहित होगी
नई चेतना लहरायेगी ॥

परिशिष्ट

1. पौराणिक कोश : राणा प्रसाद शर्मा

पृष्ठ संख्या 41 : अहल्या–मुद्गल की पुत्री, गौतम ऋषि की पत्नी तथा शतानन्द की माता का नाम। इनके भाई का नाम दिवोदास था। विष्णु पुराणानुसार मुद्गल पुत्र बृहदश्व की पुत्री का नाम।

पृष्ठ संख्या 222-223 : दिवोदास–ब्रह्मर्षि इन्द्रसेन के पौत्र और बध्यश्व (वर्ध्यश्व) के पुत्र का नाम। यह मेनका के गर्भ से अपनी बहिन अहल्या के साथ ही उत्पन्न हुए थे।

2. हिन्दी विश्वकोष : द्वितीय भाग

पृष्ठ संख्या 456 : अहल्या, गौतम पत्नी–वृंगश्व से यमज पुत्र कन्या दिवोदास एवं अहल्या और शरद्वान के औरस तथा अहल्या के गर्भ से शतानन्द का जन्म हुआ। इस सम्बन्ध में श्रीधर स्वामी के अनुसार शरद्वान और गौतम एक ही व्यक्ति हैं।

3. हिन्दी विश्वकोष : दशम भाग, सम्पादक–श्री नगेन्द्रनाथ बसु

पृष्ठ संख्या 456 : दिवोदास–ब्रह्मर्षि इन्द्रसेन के बध्रश्व नामक एक पराक्रमशाली पुत्र हुए। इन्हीं बध्रश्व से मेनका के गर्भ से दो यमज सन्तान उत्पन्न हुई, जिनमें से एक पुत्र और दूसरी कन्या थी। पुत्र का नाम राजर्षि दिवोदास और कन्या का नाम यशस्विनी अहल्या रखा गया।

4. हिन्दी विश्वकोष : नागरी प्रचारिणी सभा, वाराणसी

पृष्ठ संख्या 61 : दिवोदास–दिवोदास उत्तरी पांचालों की एक शाखा त्रत्सु का राजा था और अतिथिग्व उसकी उपाधि थी। उसके पिता का नाम बृहदश्व

अथवा भद्रश्व था। वह एक महान योद्धा और विजेता था तथा पौरवों, यादवों और तुर्वसों से उसकी लड़ाइयाँ हुईं। पणि लोगों और दासों से भी उसके युद्ध हुए। दासों का उसका शत्रु राजा शंबर था, जिसे उसने कई बार हराया।

5. भारतवर्षीय प्राचीन चरित्र कोष : सम्पादक–सिद्धेश्वर शास्त्री चित्राव

पृष्ठ संख्या 272 : दिवोदास अतिथिग्व–सरस्वती की कृपा से बध्य्रश्व को दिवोदास पुत्र रूप में प्राप्त हुआ...इसका महान शत्रु शंबर एक दास एवं किसी पर्वतीय जाति का प्रधान था। इसने शंबर का कई बार पराभव किया।

बध्य्रश्व को मेनका से एक कन्या तथा एक पुत्र हुए। उनमें से पुत्र का नाम दिवोदास एवं कन्या का नाम अहल्या था। अहल्या शरद्वत गौतम को दी गई थी।

पृष्ठ संख्या 946 : शंबर–इसका प्रमुख शत्रु दिवोदास अतिथिग्व था, जिसके कहने पर इन्द्र ने इसका वध किया।

6. पुराण सन्दर्भ कोष : पद्मिनी मेनन

पृष्ठ संख्या 111 : दिवोदास–भरतवंश के राजा बध्य्रश्व के पुत्र, अहल्या के भाई।

7. वैदिक कोश : सूर्यकान्त, बनारस हिन्दू युनिवर्सिटी 1963

पृष्ठ संख्या 199-200 : दिवोदास अतिथिग्व, वे बध्य्रश्व के पुत्र थे और भरतों के प्रमुख त्रत्सु-वंशीय राजा सुदास के पिता या सम्भवतः पितामह थे।... उनका प्रमुख शत्रु शम्बर नामक दास था, जो स्पष्टतः पार्वत्य जाति का मुखिया था। इसे इन्होंने अनेक बार हराया था।

अभिमत

अहल्या की पौराणिक कथा पर आधारित कविवर रमेश चन्द्र के खंड काव्य 'स्वर पाषाण-शिला के' पढ़कर विस्मय हुआ। यह अपेक्षाकृत लघु प्रबन्ध काव्य तपः पूत नारी के स्वाभिमानी उद्वेलन का ज्वलन्त दस्तावेज़ है, हिन्दी साहित्य में सर्वथा अनूठा और अकुंठित। पाषाण-शिला के इन मार्मिक स्वरों में पौराणिक युग से अधुनातन नारी का शोषित, संतप्त और विदीर्ण मानस मुखरित हो उठा है। प्रारम्भ और अन्त के दोनों छोर युग-युग से प्रताड़ित नारी के विद्रोही स्वरों से अनुस्यूत हैं।

हमारे करुणा-कातर कवि ने नितान्त मानवीय धरातल पर मानवी के इस अन्तर्द्वन्द्व को उद्‌घाटित करने का प्रयत्न किया है, जिसके मूल में निश्छल त्याग और अहैतुक तपस्या व्यक्ति और समाज के सम्मुज्ज्वल मंगल-कलशों को सँवारती रही हैं।

"लीक पीटने वाले तुमको
मैं आराध्य नहीं मानूँगी।"

यही इस युगान्तकारी खंड काव्य का मूल स्वर है। कवि के इन भास्वर स्वरारोहों और चिन्तन के नए क्षितिजों को छूने हेतु विह्वल मानसोल्लासों का मैं अभिनन्दन करता हूँ।

–डॉ. शिव मंगल सिंह 'सुमन'

पुरातन और पौराणिक आख्यान को नूतन भाव-भूमि में प्रतिष्ठित करके कुशल कवि ने स्तुत्य कार्य किया है, जिसकी अनेक साहित्य मनीषियों ने चर्चा और अर्चा की है। पूर्वाग्रह मुक्त चिन्तन-चेतना आज के युग की अपेक्षा है, जो अधिक तर्क-संगत एवं बुद्धिग्राह्य हो, केवल हृदयग्राह्य नहीं। इस दृष्टि से प्रस्तुत काव्य पठनीय ही नहीं, संग्रहणीय भी है। रस-सिद्धि कवि श्री रमेश चन्द्र की इस अभिनव संरचना का स्वागत करते हुए आशा करता हूँ कि वे भविष्य में भी उत्कृष्ट साहित्य

सृजन से राष्ट्र भारती को श्रीसम्पन्न करते रहेंगे।

–सोहन लाल द्विवेदी

अपनी इस कृति में कवि ने प्राचीन पुराख्यान को नई दृष्टि और नए आयाम देकर प्रस्तुत किया है। अपने इस सुगढ़ और तराशे हुए हीरे जैसे भास्वर लघु प्रबन्ध के माध्यम से भारतीय संस्कृति की परम्परा को नई सार्थकता प्रदान करने का श्लाघ्य प्रयास किया गया है। यह कवि की नव नवोन्मेषशालिनी कारयित्री प्रतिभा का परिचायक है।

–डॉ. शम्भूनाथ सिंह

अनुभूति, शिल्प, भाषा-प्रवाह, छन्द-योजना आदि की दृष्टि से कला-कृति बड़ी ही मनोहारिणी है। यह कृति नारी मुक्ति आन्दोलन के लिए एक नई भूमिका प्रस्तुत करती है।

–नीरज

'स्वर पाषाण-शिला के' काव्य में कवि अपनी जनवादी दृष्टि द्वारा अहल्या में अधिकार-बोध की निष्ठा जगाकर उसके द्वारा सारे जन-विरोधी नैतिक मूल्यों को प्रश्नों के कटघरे में खड़ा कराता है तथा जड़ मर्यादा के सारे मानदंडों और उसके प्रतीक राम की भी विवेकशीलता को अटूट चुनौती दिलवाता है। यह एक अत्यन्त विचारोत्तेजक एवं प्रासंगिक कृति है।

–डॉ. शान्ति सुमन

मैं विश्वास के साथ कह सकता हूं कि आधुनिक दृष्टिकोण एवं अद्यतन प्रासंगिक विचारों को छन्दोबद्ध काव्य के ज़रिए जन साधारण तक, उसी की भाषा एवं सोच की सीमाओं में पहुँचाने की दिशा में 'स्वर पाषाण-शिला के' पुस्तक पहल करती है। यही इसका सबसे बड़ा आकर्षण तथा सफलता है।

–शिवशंकर मिश्र (रांची)

इस कृति में कवि ने राम समेत सभी पात्रों को सहृदय के न्यायालय में उपस्थित करके उनकी नैतिकता को अपनी जिरह से बेनक़ाब किया है। कवि का आधुनिकता बोध प्रखर है और उसने अपनी बेलौस शब्दावली द्वारा पौराणिक नैतिकता की दुहरी, लचर और द्विधाग्रस्त स्थिति पर निर्मम प्रहार किया है।

–डॉ. शिव करण सिंह

प्राचीन पौराणिक आख्यानों पर कला की आधुनिक क़लम लगाना विचार-क्रान्ति का द्योतक है। 'स्वर पाषाण-शिला के' में ऐसा ही ध्यानाकर्षक प्रयास हुआ है। कृति में परम्परित अहल्या-कथा को राम-कथा के कोण से, उसकी प्रासंगिक कथा के रूप में न उठाकर उसके स्वतन्त्र अस्तित्व को प्रतिष्ठित करते हुए आधुनिक समाजशास्त्र, मनोविज्ञान और राजनीति के परिप्रेक्ष्य में व्याख्यापित किया गया है। इसके कृतिकार रमेश चन्द्र जी ने इस प्रकार जो पौराणिक पुनर्लेखन का कलात्मक प्रयास किया है, वह बहुत मूल्यवान् है।

–डॉ. विवेकी राय

'स्वर पाषाण-शिला के' काव्य-कृति में नारीत्व की पुनःप्रतिष्ठा की ज्वलन्त समस्या को सफलतापूर्वक उठाया गया है। प्रांजल, प्रवाहयुक्त और प्रसाद गुण सम्पन्न काव्य-शैली में रचित यह कृति अत्यन्त सम्प्रेषणीय और प्रभावकारी बन पड़ी है।

–डॉ. रामचन्द्र तिवारी

इस कृति में जन-पक्षीयता एवं लोक-हित की भावना समाहित है। लोकप्रिय कविता हमेशा लोक-हित में राष्ट्र के विकासमान विवेक को प्रस्तुत करने का कार्य करती है और यह कृति ऐसा कर पाने में अत्यन्त सफल है।

–डॉ. भगवती प्रसाद सिंह

कवि ने अत्यन्त तर्कबद्ध संगति और प्रभावकारी शैली में छन्दों की शुद्धता, भाषा की सरलता, अनुभव की प्रामाणिकता और विचारों की यथार्थवादी एकरूपता को बनाए रखते हुए बड़ी कुशलता से अपना मंतव्य सम्प्रेषित कर दिखाया है।

–डॉ. परमानन्द श्रीवास्तव

नारी-मुक्ति आन्दोलन और नारी अधिकारों की मौजूदा लड़ाई से यह कृति प्रचार के स्तर पर नहीं, अपितु संस्कार के स्तर पर जोड़ती है। इसमें सताई गई नारी के पक्ष में मानवीय विवेक द्वारा महत्त्वपूर्ण प्रश्न उठाए गए हैं। यह एक अत्यन्त महत्त्वपूर्ण कृति है।

–राजेन्द्र प्रसाद सिंह

कवि ने लोक-स्वीकृत मर्यादा को सत्य की कसौटी न मानकर निर्भय और उन्नत विवेक को ही उचित निकष माना है। चिन्तन, संवेदन एवं अनुभूति के स्तर पर यह एक जनोन्मुख काव्य-कृति है और यही इसकी सबसे बड़ी विशेषता है।

–डॉ. विश्वनाथ प्रसाद तिवारी

इस कृति के प्रकाशन से जहाँ नारी को और अधिक मुखर होकर अपनी निर्दोष अस्मिता की अभिव्यक्ति की साहसिकता मिलेगी, वहीं दूसरी ओर पुरुष को भी पुरानी रूढ़िगत मान्यताओं से हटकर नारी को एकदम नई और तथ्यपरक दृष्टि से देखने को मजबूर होना पड़ेगा।

–कुमारिल पन्त

प्रस्तुत प्रबन्ध-काव्य गौतम ऋषि की पत्नी अहल्या की जीवन-गाथा नहीं है, अपितु यह एक ऐसा प्रबन्ध-काव्य है, जिसमें रचनाकार ने घटनाओं के विस्तार को काटकर अहल्या के जीवन के कतिपय अनिवार्य प्रसंगों को तत्कालीन सामाजिक-सांस्कृतिक लोक-मानस के परिप्रेक्ष्य में रखकर देखने तथा अपनी सांस्कृतिक जड़ों का पुनःपरीक्षण करते हुए किसी ठोस निष्कर्ष पर पहुँचने का प्रयत्न किया है।

इसमें पौराणिक आस्थाओं एवं स्थापनाओं के कुहासे को चीरकर कृतिकार ने अपनी आधुनिक संवेदना एवं प्रगतिशील संदृष्टि के सहारे अहल्या की अस्मिता और निष्कलुषता को प्रमाणित करने के क्रम में संस्कृति के समग्र परजीवीपन पर चोट करने तथा अपने सटीक तर्कों द्वारा वैचारिक ऊहापोह को काटकर उसे सही सोच की दिशा में गतिशील करने का कठिन, किन्तु महत्त्वपूर्ण कार्य सम्भव किया है।

स्त्री-पुरुष सम्बन्धों के दुहरे मानदंडों के चलते अपने भारतीय समाज में नारी के प्रति अनन्तकाल से, अहल्या काल से ही, किए जा रहे अत्याचारों को रचनाकार ने सहज मानवीय संवेदना के आलोक में चित्रित किया है।

एक ऐसे समय में जब कविता में अतीत और वर्तमान के बीच का सहज समन्वय-स्थापना का भाव खोता जा रहा है तथा प्रयोगशीलता की प्रचंड आपा-धापी में कविता के ढाँचे को तोड़कर बोध के स्तर पर अधिकाधिक सम-सामयिक होते जाने की होड़ मची हुई है, तब ऐसे अराजक दौर में रमेश चन्द्र जैसे गीत-प्रतिभ कवि का परम्परित काव्यानुशासन को निभाते हुए अतीत एवं परम्पराओं के संवेदनात्मक धरातल को आधुनिक भाषिक संरचना तथा संवेदना के माध्यम से व्यक्त करना आत्यंतिक महत्त्व रखता है।

निश्चय ही यह कृति हमारी संवेदनाओं को तो समृद्ध करती ही है, साथ ही हमारी समझ को भी गतिशील करती है।

–माधव मधुकर